Risotto

Risotto

Lucia Pantaleoni

Photographies Jean Bono

Stylisme Lissa Streeter

SOLAR
EDITIONS

Si vous souhaitez recevoir notre catalogue et être tenu au courant
de nos publications, envoyez-nous vos nom et adresse,
en citant ce livre et en précisant les domaines qui vous intéressent.

Éditions SOLAR
12, avenue d'Italie
75013 Paris

www.solar.fr

Responsables éditoriales : Véronique Chanson et Corinne Cesano
Secrétariat d'édition : Delphine Depras et Aurélie Aminian
Mise en pages : Chantal Guézet, Encre Blanche
Photo de couverture : Jean Bono et Emmanuel Renault
Photogravure : Point 4

ISBN : 978-2-263-04562-2

Code éditeur : S04562/02

Dépôt légal : janvier 2008

Imprimé en France par Pollina, 85400 Luçon - n° L48533

Suite de la deuxième édition

Sommaire

Introduction

Les différents types de riz pour le risotto : brève description

En Italie, le riz est cultivé dans les régions du Piémont, de la Lombardie, de l'Émilie et de la Vénétie. Traditionnellement, le risotto est une entrée du nord de la péninsule, le sud lui préférant les pâtes.

Il existe différentes qualités de riz à risotto. Les principales sont : Arborio, Carnaroli, Roma et Vialone Nano. Leur temps de cuisson varie entre 15 et 18 minutes.

Quel riz utiliser lorsqu'on découvre le risotto

Choisissez les riz Carnaroli et Arborio désormais disponibles dans le commerce et qui donnent les meilleures chances de réussite, même aux cuisiniers les moins expérimentés. Leur teneur élevée en amylose leur garantissent en effet une excellente tenue à la cuisson, une bonne capacité d'absorption et leur permettent de conserver un cœur « al dente ».

Il est primordial d'éviter les riz qui ne sont pas spécifiquement adaptés au risotto, en particulier les variétés à cuisson longue, qui absorbent difficilement les sauces et condiments.

Les gestes du risotto : 4 moments clés

Dans une casserole à fond épais, faites blondir l'oignon ou l'ail hachés avec l'huile ou le beurre. Il est important que la taille de la casserole soit en accord avec la taille du feu.

Ajoutez le riz. Avec une cuillère en bois, mélangez à feu vif jusqu'à ce que le riz devienne translucide (attention, il ne doit pas roussir). Mouillez avec le vin que vous laisserez s'évaporer.

Ajoutez une louche de bouillon frémissant et mélangez jusqu'à ce qu'elle ait été entièrement absorbée par le riz. Renouvelez cette opération pendant 15 minutes, toujours en mélangeant. Ne rajoutez pas plus d'une louche de bouillon à la fois.

Éteignez le feu, vérifiez l'assaisonnement, ajoutez le beurre, le parmesan et mélangez. Couvrez pendant 1 à 2 minutes, puis mélangez à nouveau et servez aussitôt.

Risotto et cocotte-minute : une expérience vite acquise

Temps de cuisson et quantité de bouillon sont les maîtres mots pour réussir un bon risotto à la cocotte minute.

La quantité de bouillon est en général entre 2 et 3 fois celle du riz, cela dépend des ingrédients ; le temps de cuisson est de 5 minutes pour l'Arborio, de 6 pour le Carnaroli, plus 1 à 2 minutes de repos.

Risottos
de tous les jours

Risotto aux asperges et à l'agneau

POUR 4 PERSONNES

320 g de riz Carnaroli ou Arborio

200 g de chair d'agneau

400 g d'asperges vertes

40 feuilles de menthe

2 échalotes

40 g de parmesan fraîchement râpé

40 g de beurre

1 l environ de bouillon cube de bœuf

1 verre de vin blanc sec

6 cuill. à soupe d'huile d'olive extra vierge

Sel, poivre

Ceci est un plat complet qui peut simplement être précédé d'une petite salade de légumes.

1 Supprimez de l'agneau les résidus de graisse et de peau éventuels ; coupez-le en petits morceaux.

2 Épluchez et hachez les échalotes. Lavez les asperges, enlevez la partie la plus fibreuse, coupez-les en rondelles et réservez les pointes entières à part.

3 Préparez le bouillon de bœuf selon les indications du fabricant.

4 Hachez les feuilles de menthe. Faites revenir la moitié des échalotes dans une poêle avec 2 cuillerées d'huile. Ajoutez l'agneau, un demi-verre de vin, la menthe, du sel et du poivre, couvrez et faites cuire pendant 30 minutes à feu doux.

5 Après 15 minutes, lancez la cuisson du risotto : faites revenir l'échalote restante dans une casserole à fond épais avec les asperges en rondelles (sans les pointes).

6 Ajoutez le riz et mélangez à feu vif jusqu'à ce qu'il devienne translucide. Mouillez avec le reste du vin, que vous laisserez s'évaporer. Ajoutez une louche de bouillon frémissant, mélangez jusqu'à ce qu'elle ait été absorbée par le riz. Renouvelez cette opération pendant 15 minutes, toujours en mélangeant, mais sans rajouter plus d'une louche de bouillon à la fois.

7 À mi-cuisson, ajoutez les pointes d'asperges et, 5 minutes avant la fin, la préparation d'agneau.

8 Éteignez le feu, vérifiez l'assaisonnement, ajoutez le parmesan, le beurre et mélangez. Couvrez pendant 1 à 2 minutes, mélangez de nouveau et servez aussitôt.

Risotto au fumet de poisson

POUR 4 PERSONNES

320 g de riz
Carnaroli ou Arborio

1 kg de rougets

2 carottes moyennes

1 oignon

2 feuilles de laurier

2 branches de céleri

1 gousse d'ail

1 bouquet
de persil plat

1,5 l d'eau salée

1 verre de vin
blanc sec

20 g de parmesan
fraîchement râpé

20 g de beurre

4 cuill. à soupe
d'huile d'olive
vierge extra

Sel

Ce risotto, présenté ici avec du rouget, est également excellent avec d'autres poissons.

1 Demandez à votre poissonnier de détailler les rougets en filets et gardez les têtes et les arêtes pour le fumet.

2 Lavez le persil, les carottes, le céleri ; épluchez les oignons. Coupez chaque filet en morceaux de taille moyenne.

3 Dans une casserole, portez à ébullition l'eau salée avec un demi-verre de vin blanc, le laurier, une carotte, un oignon et une branche de céleri. Ajoutez les têtes et les arêtes de poisson ; couvrez et faites bouillir à feux doux pendant 30 minutes. Passé ce temps, éteignez le feu, filtrez le bouillon et gardez-le au chaud.

4 Hachez finement, l'ail, le persil, la carotte et le céleri restants ; faites-les revenir à feu doux dans l'huile d'olive dans une casserole à fond épais.

5 Ajoutez le riz et mélangez à feu vif jusqu'à ce qu'il devienne translucide. Mouillez avec le reste de vin, que vous laisserez s'évaporer. Ajoutez une louche de bouillon frémissant, mélangez jusqu'à ce qu'elle ait été absorbée par le riz. Renouvelez cette opération pendant 15 minutes, toujours en mélangeant, mais sans rajouter plus d'une louche de bouillon à la fois.

6 Cinq minutes avant la fin de la cuisson du risotto, ajoutez les filets de poisson et continuez à mélanger délicatement pour ne pas les casser.

7 Éteignez le feu, vérifiez l'assaisonnement, ajoutez le parmesan, le beurre et mélangez. Couvrez pendant 1 à 2 minutes, puis mélangez toujours délicatement et servez aussitôt.

Risotto aux petits légumes et au poivre rose

POUR 4 PERSONNES

320 g de riz Carnaroli ou Arborio

100 g de courgettes

180 g de petits pois à écosser

40 g de haricots verts frais

1 échalote

2 branches de thym frais

30 g de beurre

20 g de parmesan fraîchement râpé

1 l environ de bouillon cube de légumes

1/2 verre de vin blanc sec

2 cuill. à soupe d'huile d'olive vierge extra

2 cuill. à café de baies de poivre rose

Ce risotto délicatement parfumé est aussi un vrai plaisir pour les yeux : les baies roses sur fond vert constituent une touche originale en plus d'être un délice.

1 Lavez les courgettes (en les frottant bien) et les haricots verts, éliminez-en les extrémités et coupez-les en petits morceaux. Écossez les petits pois.

2 Lavez le thym et hachez-en les feuilles.

3 Préparez le bouillon selon les indications du fabricant.

4 Pelez et hachez l'échalote ; faites-la revenir avec l'huile dans une casserole à fond épais.

5 Ajoutez le riz et mélangez à feu vif jusqu'à ce qu'il devienne translucide. Mouillez avec le vin, que vous laisserez s'évaporer. Ajoutez les courgettes, les petits pois et les haricots verts. Ajoutez 2 louches de bouillon frémissant, mélangez jusqu'à ce qu'elles aient été absorbées par le riz. Renouvelez cette opération pendant 15 minutes, toujours en mélangeant, mais sans rajouter plus d'une louche de bouillon à la fois.

6 Éteignez le feu, vérifiez l'assaisonnement, ajoutez le beurre, le parmesan et mélangez.Couvrez pendant 1 à 2 minutes, ajoutez le poivre rose et le thym, puis mélangez de nouveau et servez aussitôt.

Risotto aux poires et au gorgonzola

POUR 4 PERSONNES

320 g de riz Carnaroli ou Arborio

2 poires Passe-Crassane ou Williams

1 échalote

200 g de gorgonzola

1 l environ de bouillon de légumes

1 verre de vin blanc sec

4 cuill. à soupe d'huile d'olive vierge extra

Sel, poivre du moulin

Le gorgonzola est un fromage persillé, à pâte molle ou demi-dure, originaire de Lombardie. Il est fait avec du lait entier, son parfum est riche et son goût piquant. Marié avec des poires et du poivre, il n'en est que plus savoureux.

1 Pelez les poires, enlevez la croûte du gorgonzola ; coupez les poires en petits dés et le gorgonzola en morceaux ; réservez-les séparément.

2 Préparez le bouillon selon les indications du fabricant.

3 Épluchez et hachez l'échalote ; faites-la revenir dans une casserole à fond épais avec l'huile d'olive.

4 Ajoutez le riz et mélangez à feu vif jusqu'à ce qu'il devienne translucide. Mouillez avec le vin, que vous laisserez s'évaporer. Ajoutez une louche de bouillon frémissant, mélangez jusqu'à ce qu'elle ait été absorbée par le riz. Renouvelez cette opération pendant 16 minutes, toujours en mélangeant, mais sans rajouter plus d'une louche de bouillon à la fois.

5 À mi-cuisson, ajoutez les morceaux de gorgonzola et, 5 minutes avant la fin, les dés de poire.

6 Éteignez le feu, vérifiez l'assaisonnement et servez aussitôt. Sur chaque assiette ajoutez 3 tours de moulin à poivre.

Pour cette recette, il est essentiel que le parmesan soit de très bonne qualité ; évitez celui vendu déjà râpé du supermarché !

POUR 4 PERSONNES

320 g de riz
Carnaroli ou Arborio

1 oignon

90 g de parmesan
fraîchement râpé

90 g de beurre

1 l environ
de bouillon cube
de viande

1/2 verre de vin
blanc sec

Sel, poivre
du moulin

Risotto au parmesan

1 Préparez le bouillon selon les indications du fabricant.

2 Pelez et hachez l'oignon ; faites-le revenir avec 30 g de beurre dans une cocotte à fond épais.

3 Ajoutez le riz et mélangez à feu vif jusqu'à ce qu'il devienne translucide. Mouillez avec le vin, que vous laisserez s'évaporer. Ajoutez une louche de bouillon frémissant, mélangez jusqu'à ce qu'elle ait été absorbée par le riz. Renouvelez cette opération pendant 15 minutes, toujours en mélangeant, mais sans rajouter plus d'une louche de bouillon à la fois.

4 À mi-cuisson, ajoutez 30 g de beurre.

5 Éteignez le feu, vérifiez l'assaisonnement, ajoutez le reste de beurre, le parmesan et mélangez. Couvrez pendant 1 à 2 minutes, mélangez de nouveau et servez aussitôt en donnant, sur chaque portion, un tour ou deux de moulin à poivre.

Risotto au romarin

POUR 4 PERSONNES

**320 g de riz
Carnaroli ou Arborio**

**2 branches
de romarin frais
de 20 cm environ**

1 échalote

40 g de beurre

**40 g de parmesan
fraîchement râpé**

**1 l environ de
bouillon de légumes**

**1 verre de vin
blanc sec**

**4 cuill. à soupe
d'huile d'olive
vierge extra**

Sel

Pour cette recette, il est recommandé d'utiliser du romarin frais : ce plat sera un vrai bouquet de parfums !

1 Préparez le bouillon selon les indications du fabricant.

2 Hachez les feuilles de romarin lavées et réservez-les. Pelez et hachez l'échalote ; faites-la revenir dans une casserole à fond épais avec l'huile d'olive.

3 Ajoutez le riz et mélangez à feu vif jusqu'à ce qu'il devienne translucide. Mouillez avec le vin, que vous laisserez s'évaporer. Ajoutez une louche de bouillon frémissant, mélangez jusqu'à ce qu'elle ait été absorbée par le riz. Renouvelez cette opération pendant 15 minutes, toujours en mélangeant, mais sans rajouter plus d'une louche de bouillon à la fois.

4 À mi-cuisson, ajoutez tout le romarin et mélangez.

5 Éteignez le feu, vérifiez l'assaisonnement, rajoutez le beurre, le parmesan et mélangez. Couvrez pendant 1 à 2 minutes, puis mélangez de nouveau et servez aussitôt.

Risotto aux artichauts et au speck

POUR 4 PERSONNES

320 g de riz
Carnaroli ou Arborio

40 g de speck
en une seule tranche

3 artichauts
poivrade

1 oignon

1 bouquet
de persil plat

40 g de parmesan
fraîchement râpé

60 g de beurre

1 l environ
de bouillon cube
de bœuf

1/2 verre de vin
blanc sec

4 cuill. à soupe
d'huile d'olive
vierge extra

Sel, poivre

Le speck est un jambon du Haut-Adige (région située au nord de la Vénétie), légèrement fumé et aromatique. Il se consomme également en tranches fines sur du pain.

1 Préparez les artichauts : éliminez les feuilles externes et la queue, coupez-les en deux dans la longueur afin de retirer le foin à l'aide d'une petite cuillère et faites des tranches très fines. Lavez et hachez les feuilles de persil.

2 Coupez le speck en lamelles d'environ 5 cm de large.

3 Préparez le bouillon selon les indications du fabricant.

4 Pelez et hachez l'oignon ; faites-le revenir avec le speck dans une cocotte à fond épais. Ajoutez les artichauts et laissez-les cuire pendant 5 minutes.

5 Ajoutez le riz et mélangez à feu vif jusqu'à ce qu'il devienne translucide. Mouillez avec le vin, que vous laisserez s'évaporer. Ajoutez une louche de bouillon frémissant, mélangez jusqu'à ce qu'elle ait été absorbée par le riz. Renouvelez cette opération pendant 15 minutes, toujours en mélangeant, mais sans ajouter plus d'une louche de bouillon à la fois.

6 Éteignez le feu, vérifiez l'assaisonnement, rajoutez le parmesan, le beurre et mélangez. Couvrez pendant 1 à 2 minutes, puis mélangez à nouveau et servez. Parsemez chaque assiette de risotto de persil.

Risotto printanier au fromage de brebis

POUR 4 PERSONNES

320 g de riz
Carnaroli ou Arborio

90 g de petites
courgettes

90 g de carottes

250 g de fèves
à écosser

1 artichaut poivrade

1 échalote

50 g de pecorino
fraîchement râpé

40 g de beurre

1 l environ de
bouillon de légumes

1 verre de vin
blanc sec

2 cuill. à soupe
d'huile d'olive
vierge extra

Sel

Le pecorino est un fromage de brebis produit principalement en Sardaigne, qui se décline en deux appellations, *pecorino sardo* et *pecorino romano*. Il peut être dégusté en fin de repas ou râpé sur les pâtes ou le risotto, comme le parmesan.

1 Lavez et grattez les carottes ; lavez les courgettes en les frottant bien et éliminez les extrémités. Coupez les carottes et les courgettes en petits dés et réservez.

2 Écossez les fèves et réservez-les. Préparez l'artichaut : éliminez les feuilles externes et la queue, coupez-le en deux dans la longueur afin de retirer le foin à l'aide d'une petite cuillère et faites des tranches très fines.

3 Préparez le bouillon selon les indications du fabricant.

4 Pelez et hachez l'échalote ; faites-la revenir dans une casserole à fond épais avec l'huile d'olive et l'artichaut.

5 Ajoutez le riz et mélangez à feu vif jusqu'à ce qu'il devienne translucide. Mouillez avec le vin, que vous laisserez s'évaporer. Ajoutez une louche de bouillon frémissant, mélangez jusqu'à ce qu'elle ait été absorbée par le riz. Renouvelez cette opération pendant 15 minutes, toujours en mélangeant, mais sans rajouter plus d'une louche de bouillon à la fois.

6 À mi-cuisson, ajoutez le reste des légumes et mélangez.

7 Éteignez le feu, vérifiez l'assaisonnement, ajoutez le beurre, le pecorino et mélangez. Couvrez pendant 1 à 2 minutes, mélangez de nouveau et servez aussitôt.

Risotto aux abats de volaille

POUR 4 PERSONNES

320 g de riz
Carnaroli ou Arborio

300 g d'abats
de volaille
(gésiers et foies)

1 branche de céleri

1/2 carotte

1 petit oignon

1 échalote

40 g de parmesan

40 g de beurre

1 cuill. à soupe de
concentré de tomate

1 l environ
de bouillon de bœuf

1 cuill. à soupe
de Porto

1 verre de vin
blanc sec

6 cuill. à soupe
d'huile d'olive
vierge extra

Sel, poivre

Voici une solution originale pour utiliser les abats de volaille. Pour un risotto plus relevé, remplacez le parmesan par du pecorino (fromage de brebis).

1 Enlevez les parties grasses des foies et des gésiers : coupez les foies en morceaux et les gésiers en petits dés.

2 Épluchez l'oignon, retirez les feuilles de la branche de céleri, lavez-la, lavez et grattez la moitié de carotte. Hachez les légumes et faites-les revenir dans 4 cuillerées d'huile d'olive.

3 Ajoutez les abats, mouillez-les avec le porto et faites flamber ; salez et poivrez. Ajoutez le concentré de tomate dilué dans 2 cuillerées d'eau, couvrez et faites cuire à feu très doux pendant 40 minutes.

4 Préparez le bouillon selon les indications du fabricant.

5 Après 30 minutes, entamez la cuisson du risotto : faites revenir l'échalote dans une casserole à fond épais avec 2 cuillerées d'huile d'olive.

6 Ajoutez le riz et mélangez à feu vif jusqu'à ce qu'il devienne translucide. Mouillez avec le vin que vous laisserez s'évaporer. Ajoutez une louche de bouillon frémissant, mélangez jusqu'à ce qu'elle ait été absorbée par le riz. Renouvelez cette opération pendant 15 minutes, toujours en mélangeant, mais sans rajouter plus d'une louche de bouillon à la fois.

7 Cinq minutes avant la fin de la cuisson, versez les abats avec leur sauce et mélangez.

8 Éteignez le feu, vérifiez l'assaisonnement, ajoutez le beurre, le parmesan et mélangez. Couvrez pendant 1 à 2 minutes, puis mélangez de nouveau et servez aussitôt.

Risotto au vin rouge

POUR 4 PERSONNES

320 g de riz Carnaroli ou Arborio

270 g de lard frais très gras

400 g d'oignons

1 gousse d'ail

1 bâton de cannelle

1 clou de girofle

1 feuille de laurier

40 g de parmesan fraîchement râpé

1/2 l de vin rouge corsé

3/4 l environ de bouillon cube de bœuf

Sel, poivre du moulin

Ce risotto au vin rouge, très adapté à la période hivernale, est à déguster de préférence accompagné du même vin que celui que vous utiliserez pour la recette.

1 Pelez les oignons ; coupez-en 120 g en petits dés et hachez le reste avec l'ail.

2 Faites bouillir le vin avec le laurier, le clou de girofle, la cannelle et les dés d'oignon jusqu'à réduction de moitié. Éteignez le feu, enlevez la cannelle et le clou de girofle ; gardez au chaud.

3 Préparez le bouillon selon les indications du fabricant.

4 Coupez le lard en dés et faites-le revenir à feu doux dans une casserole à fond épais, jusqu'à que le gras soit fondu ; enlevez alors les lardons devenus croquants et ajoutez le reste d'oignon et l'ail hachés.

5 Ajoutez le riz et mélangez à feu vif jusqu'à ce qu'il devienne translucide. Mouillez avec une louche de vin rouge et mélangez jusqu'à ce qu'elle ait été absorbée par le riz. Renouvelez cette opération pendant 15 minutes, toujours en mélangeant, mais sans rajouter plus d'une louche de vin, puis de bouillon frémissant – une fois le vin terminé – à la fois.

6 Éteignez le feu, vérifiez l'assaisonnement, ajoutez le parmesan, les lardons, poivrez et mélangez. Couvrez pendant 1 à 2 minutes, puis mélangez de nouveau et servez aussitôt.

Risottos
à la cocotte-minute

POUR 4 PERSONNES

**320 g de riz
Carnaroli ou Arborio**

**150 g de poivron
rouge**

12 olives noires

**1/2 bouquet
de basilic**

80 g d'oignon

**1 l de bouillon
de légumes**

1 verre de vin blanc

**4 cuill. à soupe
d'huile d'olive
vierge extra**

Sel

Risotto aux poivrons et aux olives noires

Voici un risotto estival léger et parfumé. Si vous désirez un goût un peu corsé, n'hésitez pas à utiliser des olives de Calabre ou des olives grecques « Volos », en vente chez les épiciers italiens et grecs.

1 Pelez et hachez l'oignon ; lavez le poivron, éliminez-en les graines et les filaments blancs. Coupez la chair en petits dés.

2 Préparez le bouillon selon les indications du fabricant.

3 Faites revenir dans la cocotte les dés de poivron et l'oignon dans 2 cuillerées d'huile.

4 Ajoutez le riz et mélangez à feu vif jusqu'à ce qu'il devienne translucide. Mouillez avec le vin et laissez-le s'évaporer. Ajoutez la totalité du bouillon frémissant et mélangez.

5 Fermez la cocotte, augmentez le feu au maximum. Quand elle commence à siffler, baissez le feu et laissez cuire 6 minutes à feu moyen.

6 Pendant ce temps, éliminez les noyaux des olives et coupez celles-ci en petits copeaux ; lavez et hachez les feuilles de basilic.

7 Laissez sortir la vapeur, ouvrez la cocotte, mélangez et vérifiez l'assaisonnement. Ajoutez l'huile restante, les olives et le basilic. Mélangez de nouveau et servez aussitôt.

POUR 4 PERSONNES

320 g de riz
Carnaroli ou Arborio

2 1/2 citrons
non traités

1 oignon

60 g de parmesan
fraîchement râpé

60 g de beurre

85 cl de bouillon
cube de légumes

1/2 verre de vin
blanc sec

6 cuill. à soupe
d'huile d'olive
vierge extra

Sel, poivre

Risotto au citron

Dans cette recette, l'acidité du jus de citron est équilibrée par la présence du parmesan et par le parfum du zeste. Il est important que le citron ne soit pas traité.

1 Lavez les citrons, essuyez-les et râpez le zeste d'un citron et demi. Pressez le citron restant, réservez le jus et le zeste séparément.

2 Préparez le bouillon selon les indications du fabricant.

3 Pelez et hachez l'oignon ; faites-le revenir dans la cocotte avec l'huile d'olive.

4 Ajoutez le riz et mélangez à feu vif jusqu'à ce qu'il devienne translucide. Mouillez avec le vin, que vous laisserez s'évaporer. Ajoutez le jus de citron et la totalité du bouillon frémissant et mélangez.

5 Fermez la cocotte, augmentez le feu au maximum. Quand elle commence à siffler, baissez le feu et laissez cuire 6 minutes à feu moyen.

6 Laissez sortir la vapeur, ouvrez la cocotte et mélangez. Vérifiez l'assaisonnement, ajoutez le beurre, le parmesan, le zeste râpé et mélangez encore. Couvrez pendant 1 à 2 minutes, mélangez de nouveau et servez aussitôt.

Risotto aux pruneaux et à la pancetta

POUR 4 PERSONNES

320 g de riz Carnaroli ou Arborio

120 g de pancetta en tranches fines

220 g de pruneaux

200 g de blancs de poireaux

1 oignon moyen

70 g de beurre

90 cl de bouillon cube de bœuf

1/2 verre de vin blanc sec

1/2 cuill. à soupe d'huile d'olive vierge extra

Sel, poivre

Ce risotto conjugue plaisir du palais et plaisir des yeux : goût sucré-salé et contraste du noir et du blanc.

1 Pelez l'oignon et hachez-le avec les blancs de poireaux. Dénoyautez les pruneaux et coupez-les en très petits dés.

2 Préparez le bouillon selon les indications du fabricant.

3 Coupez la pancetta en lamelles et faites-la revenir dans la cocotte avec la moitié du beurre et l'huile.

4 Ajoutez les poireaux et l'oignon et faites-les légèrement dorer.

5 Versez le riz et mélangez à feu vif jusqu'à ce qu'il devienne translucide. Mouillez avec le vin, que vous laisserez s'évaporer. Ajoutez la totalité du bouillon frémissant et mélangez.

6 Fermez la cocotte, augmentez le feu au maximum. Quand elle commence à siffler, baissez le feu et laissez cuire 6 minutes à feu moyen.

7 Laissez sortir la vapeur, ouvrez la cocotte, ajoutez les pruneaux et mélangez. Vérifiez l'assaisonnement, ajoutez le beurre restant et mélangez encore. Couvrez pendant 1 à 2 minutes, mélangez de nouveau et servez aussitôt.

320 g de riz
Carnaroli ou Arborio

25 g de feuilles
de menthe fraîche

1 grosse échalote

90 g de crème
fraîche

60 g de parmesan
fraîchement râpé

80 cl de bouillon
cube de bœuf

1/2 verre de vin
blanc sec

4 cuill. à soupe
d'huile d'olive
vierge extra

Sel

Risotto à la menthe

D'un abord surprenant, ce risotto se révèle frais
et délicatement parfumé. Il ravira vos invités !

1 Ôtez les feuilles de menthe des tiges, lavez-les et séchez-les
avec un torchon propre. Hachez-les et réservez.

2 Préparez le bouillon selon les indications du fabricant.

3 Pelez et hachez l'échalote ; faites-la revenir dans la cocotte
avec l'huile d'olive.

4 Ajoutez le riz et mélangez à feu vif jusqu'à ce qu'il devienne translucide.
Mouillez avec le vin, que vous laisserez s'évaporer. Ajoutez la totalité
du bouillon frémissant et mélangez.

5 Fermez la cocotte, augmentez le feu au maximum. Quand elle commence
à siffler, baissez le feu et laissez cuire 6 minutes à feu moyen.

6 Laissez sortir la vapeur, ouvrez la cocotte et mélangez. Vérifiez
l'assaisonnement, ajoutez la crème fraîche, la menthe hachée et mélangez
encore. Couvrez pendant 1 à 2 minutes, mélangez de nouveau et servez
en saupoudrant chaque assiette de parmesan râpé.

Risotto aux poireaux

POUR 4 PERSONNES

**320 g de riz
Carnaroli ou Arborio**

300 g de poireaux

**50 g de pecorino
fraîchement râpé**

50 g de beurre

**85 cl de bouillon
cube de légumes**

**1 verre de vin
blanc sec**

**4 cuill. à soupe
d'huile d'olive
vierge extra**

**Sel, poivre
du moulin**

La délicatesse du poireau et le piquant du pecorino (fromage de brebis affiné) rendent cette recette particulièrement savoureuse.

1 Nettoyez les poireaux, retirez la base, gardez seulement les blancs et coupez-les en rondelles de 0,5 cm d'épaisseur environ.

2 Préparez le bouillon selon les indications du fabricant.

3 Faites revenir les rondelles de poireaux dans la cocotte avec l'huile d'olive, une pincée de sel et du poivre.

4 Ajoutez le riz et mélangez à feu vif jusqu'à ce qu'il devienne translucide. Mouillez avec le vin et laissez-le s'évaporer. Ajoutez la totalité du bouillon frémissant et mélangez.

5 Fermez la cocotte, augmentez le feu au maximum. Quand elle commence à siffler, baissez le feu et laissez cuire 6 minutes à feu moyen.

6 Faites sortir la vapeur, ouvrez la cocotte et mélangez. Vérifiez l'assaisonnement, ajoutez le beurre, le pecorino et mélangez encore. Couvrez pendant 1 à 2 minutes, mélangez de nouveau et servez aussitôt avec quelques tours de moulin à poivre.

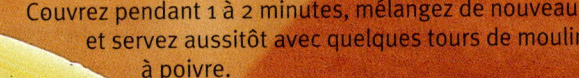

Risotto aux pistaches

POUR 4 PERSONNES

320 g de riz
Carnaroli ou Arborio

45 g de pistaches
non salées

1 oignon moyen

40 g de parmesan
fraîchement râpé

30 g de beurre

90 cl de bouillon
cube de bœuf

4 cuill. à café
de cognac

4 cuill. à soupe
d'huile d'olive
vierge extra

Sel

En Italie, la pistache est cultivée en Sicile (pistache de Bronte) et exportée partout dans le monde. Dans cette recette, toute la saveur et le parfum de la pistache sont mis en valeur.

1 Préparez le bouillon selon les indications du fabricant.

2 Pelez et hachez l'oignon ; faites-le revenir dans la cocotte avec l'huile d'olive.

3 Ajoutez le riz et mélangez à feu vif jusqu'à ce qu'il devienne translucide. Mouillez avec le cognac, que vous laisserez s'évaporer. Ajoutez la totalité du bouillon frémissant et mélangez.

4 Fermez la cocotte, augmentez le feu au maximum. Quand elle commence à siffler, baissez le feu et laissez cuire 6 minutes à feu moyen.

5 Laissez sortir la vapeur, ouvrez la cocotte et mélangez. Vérifiez l'assaisonnement, ajoutez le beurre, le parmesan et mélangez encore. Couvrez pendant 1 à 2 minutes, ajoutez les pistaches, mélangez de nouveau et servez aussitôt.

Risotto curry et pomme

320 g de riz
Carnaroli ou Arborio

1 pomme Granny
Smith

1 oignon

40 g de parmesan
fraîchement râpé

40 g de beurre

90 cl de bouillon
cube de légumes

1 cuill. à café
de curry

1 verre de vin
blanc sec

2 cuill. à soupe
d'huile d'olive
vierge extra

Sel

Une variation orientale originale et savoureuse.
L'acidité de la pomme Granny Smith contraste
délicieusement avec la puissance du curry.

1 Pelez et hachez l'oignon ; pelez la pomme et coupez-la
en petits dés.

2 Préparez le bouillon selon les indications du fabricant.

3 Faites revenir dans la cocotte l'oignon avec l'huile
et la moitié du beurre.

4 Ajoutez le riz et mélangez à feu vif jusqu'à ce qu'il devienne
translucide. Mouillez avec le vin et laissez-le s'évaporer. Ajoutez
la pomme, le curry, la totalité du bouillon frémissant et mélangez.

5 Fermez la cocotte, augmentez le feu au maximum. Quand
elle commence à siffler, baissez le feu et laissez cuire 6 minutes
à feu moyen.

6 Laissez sortir la vapeur, ouvrez la cocotte, mélangez. Vérifiez
l'assaisonnement, ajoutez le beurre restant, le parmesan
et mélangez encore. Couvrez pendant 1 à 2 minutes, mélangez
de nouveau et servez aussitôt.

POUR 4 PERSONNES

240 g de riz
Carnaroli ou Arborio

60 g de potiron

320 g de saucisse
de Toulouse

1 oignon

1/3 bouquet
de persil plat

30 g de parmesan
fraîchement râpé

20 g de beurre

50 cl de bouillon
cube de bœuf

1/2 verre de vin
blanc sec

2 cuill. à soupe
d'huile d'olive
vierge extra

Sel, poivre

Risotto à la saucisse et au potiron

Facile à réaliser, cette recette gourmande allie avec succès la douceur du potiron et la saucisse.

1 Pelez le potiron, enlevez les graines et coupez la pulpe en petits cubes. Pelez et hachez l'oignon ; pelez la saucisse et coupez-la en morceaux.

2 Préparer le bouillon selon les indications du fabricant.

3 Lavez les feuilles de persil et hachez-les.

4 Faites revenir dans la cocotte l'oignon et la saucisse avec l'huile d'olive.

5 Ajoutez le riz et mélangez à feu vif jusqu'à ce qu'il devienne translucide. Tout en continuant à mélanger, mouillez avec le vin et laissez-le évaporer.

6 Ajoutez les cubes de potiron, une pincée de sel, du poivre et la totalité du bouillon frémissant. Mélangez.

7 Fermez la cocotte, augmentez le feu au maximum. Quand elle commence à siffler, baissez le feu et laissez cuire 6 minutes à feu moyen.

8 Laissez sortir la vapeur, ouvrez la cocotte et mélangez. Vérifiez l'assaisonnement, ajoutez le beurre, le parmesan, le persil et mélangez encore. Couvrez pendant 1 à 2 minutes, mélangez de nouveau et servez aussitôt.

Risotto aux moules

POUR 4 PERSONNES

320 g de riz
Carnaroli ou Arborio

1 l de moules

40 g de céleri

40 g de carotte

1 petit oignon

3 gousses d'ail

Quelques branches
de persil plat

20 g de beurre

20 g de parmesan
fraîchement râpé

90 cl au total
de jus de moules
à compléter
si nécessaire avec
du fumet de poisson

1 verre de vin
blanc sec

8 cuill. à soupe
d'huile l'olive
vierge extra

Sel

Voici une variation sur une recette vénitienne typique – le *risoto coi peoci* en dialecte vénitien – le risotto aux moules.

1 Lavez les moules à l'eau courante, grattez-les et ôtez les barbes. Faites-les ouvrir à feu vif dans une poêle couverte avec 2 gousses d'ail écrasées, un demi-verre de vin et 2 cuillerées d'huile d'olive.

2 Dès que les moules sont ouvertes, filtrez le jus, détachez les mollusques et réservez-les dans un bol couvert de film plastique. Gardez tout le jus des moules, dont la quantité varie selon la saison et la qualité.

3 Lavez le persil, la carotte, le céleri ; épluchez l'oignon et la troisième gousse d'ail. Hachez très finement.

4 Préparez le fumet. Au jus de moules filtré ajoutez la quantité nécessaire de fumet de poisson jusqu'à l'obtention de la quantité totale de bouillon requise.

5 Faites revenir les légumes dans la cocotte avec 6 cuillerées à soupe d'huile d'olive.

6 Ajoutez le riz et mélangez à feu vif jusqu'à ce qu'il devienne translucide. Mouillez avec le reste du vin, que vous laisserez s'évaporer. Ajoutez la totalité du fumet frémissant (jus de moules et fumet) et mélangez.

7 Fermez la cocotte, augmentez le feu au maximum. Quand elle commence à siffler, baissez le feu et laissez cuire 6 minutes à feu moyen.

8 Laissez sortir la vapeur, ouvrez la cocotte et mélangez. Vérifiez l'assaisonnement, ajoutez le beurre, le parmesan et mélangez encore. Couvrez pendant 1 à 2 minutes, mélangez de nouveau et servez aussitôt.

Risotto aux endives et aux fruits de mer

POUR 4 PERSONNES

320 g de riz
Carnaroli ou Arborio

750 g de coques
et 750 g de moules

2 endives

1 oignon

1 beau bouquet
de persil plat

20 g de beurre

20 g de parmesan
fraîchement râpé

85 cl de jus
de coquillages
à compléter
si nécessaire avec
du fumet de poisson

1 verre de vin
blanc sec

4 cuill. à soupe
d'huile d'olive
vierge extra

Sel, poivre

Cette recette vaut par l'association de la légère amertume de l'endive avec la douceur des fruits de mer.

1 Mettez les coques à dégorger dans de l'eau salée pendant au moins 1 heure (n'hésitez pas à changer l'eau plusieurs fois).

2 Lavez les moules et ôtez les barbes. À couvert, faites ouvrir les coques et les moules à feu vif dans une poêle anti-adhésive.

3 Dès qu'elles sont ouvertes, filtrez et gardez tout le jus des coquillages, détachez les mollusques et réservez-les dans un bol couvert de film plastique pour qu'ils ne se dessèchent pas.

4 Lavez et hachez le persil ; réservez. Épluchez l'oignon. Nettoyez les endives : retirez les feuilles extérieures flétries et ôtez à la base un petit cône pour éliminer la partie la plus amère.

5 Préparez le bouillon. Au jus de mollusques filtré, ajoutez le fumet de poisson jusqu'à l'obtention de la quantité totale de bouillon requise.

6 Coupez l'oignon et les endives en lamelles. Faites-les revenir ensemble dans la cocotte avec l'huile d'olive.

7 Quand elles sont légèrement colorées et bien moelleuses, ajoutez le riz et mélangez à feu vif jusqu'à ce que le riz devienne translucide. Mouillez avec le vin, que vous laisserez s'évaporer. Ajoutez la totalité du fumet de poisson et du jus de coquillages et mélangez.

8 Fermez la cocotte, augmentez le feu au maximum. Quand elle commence à siffler, baissez le feu et laissez cuire 6 minutes à feu moyen.

9 Laissez sortir la vapeur, ouvrez la cocotte et mélangez. Vérifiez l'assaisonnement, ajoutez le beurre, le parmesan et mélangez encore. Couvrez pendant 1 à 2 minutes puis ajoutez le persil, mélangez de nouveau et servez aussitôt.

Risottos de fête

Risotto au champagne

POUR 4 PERSONNES

320 g de riz
Carnaroli ou Arborio

1 bouteille
de champagne
à température
ambiante

30 g de moelle
de veau ou de bœuf

1 l environ
de bouillon cube
de bœuf

40 g de beurre

70 g de parmesan
fraîchement râpé

1 échalote

4 cuill. à soupe
d'huile d'olive
vierge extra

Sel, poivre
du moulin

Ce risotto délicat et raffiné peut être précédé d'un plat de poisson ou de crustacés. Vous pourrez remplacer le champagne par un autre vin pétillant genre vouvray ou montlouis.

1 Plongez l'os à moelle dans de l'eau bouillante pendant 2 minutes. Égouttez, enlevez la moelle et réservez.

2 Pelez et hachez l'échalote ; faites-la revenir dans une casserole à fond épais avec l'huile d'olive.

3 Ajoutez la moelle et le riz ; mélangez à feu vif jusqu'à ce que le riz devienne translucide.

4 En continuant à mélanger, mouillez avec toute la bouteille de champagne et mélangez à feu vif jusqu'à ce qu'elle ait été absorbée par le riz.

5 Poursuivez avec une louche de bouillon, mélangez jusqu'à ce qu'elle ait été absorbée par le riz. Renouvelez cette opération pendant le temps de cuisson restant (qui au total devra être de 15 minutes), toujours en mélangeant et en ne rajoutant pas plus d'une louche de bouillon à la fois.

6 Éteignez le feu, vérifiez l'assaisonnement, ajoutez le beurre et le parmesan. Couvrez pendant 1 à 2 minutes, au terme desquelles vous mélangerez et servirez aussitôt avec du poivre du moulin.

Risotto au ris de veau

POUR 4 PERSONNES

320 g de riz
Carnaroli ou Arborio

300 g de ris de veau

40 g de jambon cru
coupé en fines
tranches

15 g de cèpes séchés

1 oignon

1 l environ
de bouillon cube
de bœuf

1 verre de vin
blanc sec

40 g de beurre

30 g de parmesan

4 cuill. à soupe
d'huile d'olive
vierge extra

Sel

Le ris de veau, voilà un mets raffiné et délicat
que cette recette mettra parfaitement en valeur.

1 Mettez les cèpes à gonfler dans un bol d'eau bouillante pendant
10 minutes.

2 Plongez les ris de veau dans de l'eau frémissante pendant
5 minutes ; égouttez-les et laissez-les refroidir. Enlevez la peau
qui les entoure et coupez-les en petits morceaux.

3 Coupez les tranches de jambon en fines lamelles ; pelez et hachez
l'oignon. Égouttez les cèpes et coupez-les grossièrement.

4 Préparez le bouillon selon les indications du fabricant.

5 Dans une casserole à fond épais faites revenir l'oignon, le jambon
et les cèpes dans l'huile d'olive.

6 Ajoutez le riz et mélangez à feu vif jusqu'à ce qu'il devienne
translucide ; en continuant à mélanger, mouillez avec le vin blanc
et laissez-le s'évaporer. Ajoutez les ris de veau.

7 Ajoutez une louche de bouillon, mélangez jusqu'à ce qu'elle ait été
absorbée par le riz. Renouvelez cette opération pendant 15 minutes,
toujours en mélangeant et en ne rajoutant pas plus d'une louche
de bouillon à la fois.

8 Éteignez le feu, vérifiez l'assaisonnement, ajoutez le beurre,
le parmesan et mélangez. Couvrez pendant 1 à 2 minutes, au terme
desquelles vous mélangerez à nouveau et servirez aussitôt.

Risotto aux escargots

POUR 4 PERSONNES

**300 g de riz
Carnaroli ou Arborio**

**200 g d'escargots
en boîte**

2 échalotes

1 gousse d'ail

1 botte de persil plat

**1 l environ
de bouillon cube
de bœuf**

**1 verre de vin
blanc sec**

80 g de beurre

**4 cuill. à soupe
d'huile d'olive
vierge extra**

**Sel, poivre
du moulin**

Voici une nouvelle façon de déguster les escargots, naturellement accompagnés d'un blanc de Bourgogne !

1 Pelez et hachez les échalotes ; hachez les feuilles de persil. Faites revenir la moitié des échalotes dans une casserole avec l'ail, 20 g de beurre et une demi-cuillerée d'huile d'olive.

2 Ajoutez les escargots coupés en deux et laissez-les s'imprégner des arômes pendant 3 à 4 minutes. Ajoutez un demi-verre de vin et laissez cuire pendant 7 minutes.

3 Éteignez le feu, ajoutez 30 g de beurre et le persil, mélangez et réservez au chaud.

4 Préparez le bouillon selon les indications du fabricant.

5 Faites revenir le reste de l'échalote dans une casserole à fond épais avec le reste d'huile d'olive.

6 Ajoutez le riz et mélangez à feu vif jusqu'à ce qu'il devienne translucide. Mouillez avec le reste du vin que vous laisserez s'évaporer. Ajoutez une louche de bouillon, mélangez jusqu'à ce qu'elle ait été absorbée par le riz. Renouvelez cette opération pendant 15 minutes, toujours en mélangeant et en ne rajoutant pas plus d'une louche de bouillon à la fois.

7 Cinq minutes avant la fin de la cuisson versez les escargots dans la casserole et mélangez.

8 Éteignez le feu, vérifiez l'assaisonnement, ajoutez le reste du beurre, mélangez. Couvrez pendant 1 à 2 minutes, au terme desquelles vous mélangerez à nouveau et servirez aussitôt.

Risotto au noir de seiches

POUR 4 PERSONNES

320 g de riz
Carnaroli ou Arborio

1,5 kg de seiches

1/2 bouquet
de persil

1 oignon

1 gousse d'ail

1 l de fumet
de poisson

20 g de parmesan
fraîchement râpé

30 g de beurre

1 verre et 1/2 à vin
de vin blanc sec

4 cuill. à soupe
d'huile d'olive
vierge extra

Sel, poivre

Voici une recette typique de Vénétie. Si vous êtes pressé vous pouvez utiliser de l'encre en sachet que vous trouverez chez votre poissonnier.

1 Préparez les seiches : séparez la tête du corps, enlevez délicatement la poche d'encre et réservez-la. Retirez l'os et coupez les seiches en morceaux de 2 cm.

2 Lavez et hachez les feuilles de persil ; pelez et hachez l'oignon et l'ail. Dans une casserole à fond épais, faites revenir l'oignon, l'ail et le persil dans l'huile d'olive.

3 Ajoutez les seiches et mélangez bien. Après quelques minutes, versez la poche d'encre, mélangez et ajoutez un verre de vin blanc, que vous laisserez partiellement s'évaporer. Couvrez et laissez cuire à feux doux pendant 15 minutes.

4 Ajoutez le riz et mélangez à feu vif jusqu'à ce qu'il devienne translucide ; mouillez avec le vin restant que vous laisserez s'évaporer. Ajoutez une louche de fumet, mélangez jusqu'à ce qu'elle ait été absorbée par le riz. Renouvelez cette opération pendant 15 minutes toujours en mélangeant et en ne rajoutant pas plus d'une louche de fumet à la fois.

5 Éteignez le feu, vérifiez l'assaisonnement, ajoutez le beurre, le parmesan râpé et mélangez. Couvrez pendant 1 à 2 minutes, au terme desquelles vous mélangerez à nouveau et servirez aussitôt.

Risotto à l'orange et aux gambas

POUR 4 PERSONNES

320 g de riz
Carnaroli ou Arborio

300 g de gambas
crues fraîches

70 g de carotte

50 g de céleri

90 g d'oignon

1 échalote

1 bouquet garni

1 gousse d'ail

Le zeste râpé
d'un quart d'orange

1,5 l d'eau

1 verre de vin
blanc sec

30 g de beurre

4 cuill. à soupe
d'huile d'olive
vierge extra

Sel, poivre
du moulin

Pour cette recette, vous pouvez également employer des gambas crues surgelées. Dans ce cas, plongez-les dans un court-bouillon fait avec une carotte, une branche de céleri, un oignon et un bouquet garni ; vous garderez d'ailleurs ce bouillon pour le risotto.

1 Enlevez les queues et les têtes des gambas ; hachez la carotte, l'oignon, le céleri et l'ail. Faites revenir les légumes avec le bouquet garni et les carapaces dans 2 cuillerées d'huile.

2 Mouillez avec un demi-verre de vin, l'eau, assaisonnez de sel et de poivre et faites bouillir pendant 35 minutes.

3 Passez les légumes et les carapaces dans une passoire. Gardez le bouillon au chaud pour le risotto.

4 Râpez et réservez le zeste d'orange. Dans une casserole à fond épais faites revenir l'échalote dans l'huile restante.

5 Ajoutez le riz et mélangez à feu vif jusqu'à ce qu'il devienne translucide. Ajoutez une louche de bouillon des gambas frémissant, mélangez jusqu'à ce qu'elle ait été absorbée par le riz. Renouvelez cette opération pendant 15 minutes, toujours en mélangeant et en ne rajoutant pas plus d'une louche de bouillon à la fois.

6 Trois minutes avant la fin de la cuisson, ajoutez les gambas, le zeste d'orange râpé et mélangez.

7 Éteignez le feu, vérifiez l'assaisonnement, ajoutez le beurre, mélangez. Couvrez pendant 1 à 2 minutes, au terme desquelles vous mélangerez à nouveau et servirez aussitôt.

Risotto aux langoustines et aux cèpes

320 g de riz Carnaroli
ou Arborio

1 kg de langoustines
fraîches

1 carotte moyenne

1 branche de céleri

1 oignon

1 échalote

1 gousse d'ail

1 bouquet garni

300 g de cèpes frais

1 bouquet
de persil plat

1,5 l d'eau salée

1 verre de vin
blanc sec

20 g de beurre

20 g de parmesan
fraîchement râpé

6 cuill. à soupe
d'huile d'olive
vierge extra

Sel, poivre
du moulin

Très belle association que celle des crustacés
et des cèpes !

1 Enlevez les queues et les têtes des langoustines ; retirez l'intestin en tirant sur l'extrémité de la queue. Lavez et grattez la carotte, épluchez l'oignon et l'ail, lavez le céleri ; hachez finement ces légumes et faites-les revenir avec le bouquet garni et les carapaces dans 2 cuillerées d'huile d'olive.

2 Mouillez avec un demi-verre de vin et l'eau salée froide, poivrez et faites bouillir pendant 30 minutes. Filtrez le bouillon et gardez-le au chaud pour le risotto.

3 Nettoyez les cèpes avec un torchon humide, retirez la base, coupez-les en fines lamelles et faites-les revenir dans 2 cuillerées d'huile d'olive. Éteignez le feu, salez et réservez.

4 Pelez et hachez l'échalote ; lavez et hachez les feuilles de persil.

5 Dans une casserole à fond épais faites revenir l'échalote avec 2 cuillerées à soupe d'huile d'olive. Ajoutez le riz et mélangez à feu vif jusqu'à ce qu'il devienne translucide. Mouillez avec le reste de vin, que vous laisserez s'évaporer. Ajoutez une louche de bouillon, mélangez jusqu'à ce qu'elle ait été absorbée par le riz. Renouvelez cette opération pendant 15 minutes toujours en mélangeant et en ne rajoutant pas plus d'une louche de bouillon à la fois.

6 Trois minutes avant la fin de la cuisson ajoutez les langoustines.

7 Éteignez le feu, vérifiez l'assaisonnement, ajoutez les cèpes, le beurre, le parmesan et mélangez. Couvrez pendant 1 à 2 minutes au terme desquelles vous mélangerez à nouveau et servirez aussitôt parsemé de persil.

Risotto aux cailles

POUR 4 PERSONNES

300 g de riz
Carnaroli ou Arborio

4 cailles + 4 bardes

25 g de céleri

25 g de carottes

1 oignon moyen

6 branches
de persil plat

12 feuilles
de sauge

1/2 branche
de romarin

1 cuill. à café
de concentré
de tomate

1,3 l de bouillon
cube de bœuf

1 verre de vin
blanc sec

1 cuill. à soupe
de parmesan
fraîchement râpé

25 g de beurre

6 cuill. à soupe
d'huile d'olive
vierge extra

Sel, poivre
du moulin

À consommer sans modération !

1 Nettoyez l'oignon, le céleri et la carotte. Coupez en très petits dés la carotte, le céleri et 20 g d'oignon. Hachez 4 feuilles de sauge, le persil et les aiguilles de romarin.

2 Préparez le bouillon selon les indications du fabricant.

3 Salez et poivrez les cailles à l'intérieur et à l'extérieur, farcissez-les avec 2 feuilles de sauge chacune. Bardez et ficelez. Faites-les dorer sur toutes leurs faces dans 4 cuillerées d'huile puis ajoutez les légumes en petits dés que vous ferez revenir à feu doux.

4 Ajoutez le concentré de tomate, les herbes hachées et la moitié environ du bouillon ; salez, poivrez, couvrez et laissez cuire à feu modéré pendant 30 minutes environ.

5 Éteignez le feu et gardez au chaud en séparant les cailles et la sauce de cuisson.

6 Hachez le reste de l'oignon et faites-le revenir dans l'huile restante. Ajoutez le riz et mélangez à feu vif jusqu'à ce qu'il devienne translucide. Mouillez avec le vin, laissez évaporer ; ajoutez une louche de bouillon de cuisson des cailles, mélangez jusqu'à absorption. Renouvelez cette opération pendant 15 minutes, toujours en mélangeant et en ne rajoutant pas plus d'une louche de bouillon à la fois. Une fois le bouillon des cailles terminé, continuez avec l'autre moitié du bouillon.

7 Éteignez le feu, vérifiez l'assaisonnement, ajoutez le beurre, le parmesan râpé et mélangez. Couvrez pendant 1 à 2 minutes au terme desquelles vous mélangerez et servirez aussitôt avec une caille déficelée sur chaque portion de risotto.

Risotto aux palourdes

POUR 4 PERSONNES

320 g de riz
Carnaroli ou Arborio

1 kg de palourdes
ou coques

1 l d'eau

1 petite carotte

1/3 branche de céleri

1/2 oignon
de petite taille

1 gousse d'ail

1/2 bouquet
de persil plat

20 g de parmesan
fraîchement râpé

20 g de beurre

6 cuill. à soupe
d'huile d'olive
vierge extra

Sel, poivre
du moulin

Pour faciliter l'élimination du sable, placez une assiette creuse renversée au fond d'un saladier avant d'y verser les palourdes et de l'eau fraîche salée.

1 Mettez les palourdes à dégorger dans de l'eau salée pour leur faire perdre le sable pendant au moins 1 heure. (N'hésitez pas à changer l'eau plusieurs fois.)

2 Rincez-les, égouttez-les puis versez-les dans un fait-tout avec 1 l d'eau.

3 Faites chauffer jusqu'à ouverture des coquillages, puis détachez les mollusques et réservez dans un bol. Couvrez les palourdes de leur eau de cuisson filtrée pour qu'elles ne se dessèchent pas.

4 Lavez le persil, la carotte, le céleri ; épluchez l'oignon et l'ail. Hachez tous les légumes très finement et faites-les revenir dans l'huile d'olive.

5 Ajoutez le riz et mélangez à feu vif jusqu'à ce qu'il devienne translucide. Ajoutez une louche de l'eau des palourdes, mélangez jusqu'à ce qu'elle ait été absorbée par le riz. Renouvelez cette opération pendant 15 minutes, toujours en mélangeant et en ne rajoutant pas plus d'une louche d'eau à la fois.

6 Deux minutes avant la fin de la cuisson, ajoutez les mollusques. Finissez en laissant le risotto très légèrement liquide.

7 Éteignez le feu, vérifiez l'assaisonnement (attention les palourdes sont naturellement salées), ajoutez le beurre, le parmesan râpé et mélangez. Couvrez pendant 1 à 2 minutes, au terme desquelles vous mélangerez de nouveau et servirez aussitôt.

320 g de riz
Carnaroli ou Arborio

200 g de chair
de crabe en boîte

1 échalote

Le zeste râpé
d'un demi-citron

1 l environ de fumet
de poisson

1 verre
de champagne

20 g de beurre

2 cuill. à soupe
d'huile d'olive
vierge extra

Sel

Risotto au crabe

Ce risotto s'intègre parfaitement dans un repas de poissons. Vous pouvez, par exemple, le faire suivre d'un bar grillé au four ou d'un turbot cuit au court-bouillon au sabayon de moutarde.

1 Pelez et hachez l'échalote ; faites-la revenir dans une casserole à fond épais avec le beurre.

2 Ajoutez le riz et mélangez à feu vif jusqu'à ce qu'il devienne translucide. Mouillez avec le champagne et laissez-le s'évaporer.

3 Ajoutez une louche de fumet, mélangez jusqu'à ce qu'elle ait été absorbée par le riz. Renouvelez cette opération pendant 15 minutes, toujours en mélangeant et en ne rajoutant pas plus d'une louche de fumet à la fois.

4 Éteignez le feu, vérifiez l'assaisonnement, ajoutez le crabe égoutté et émietté, le zeste du citron râpé et mélangez. Ajoutez l'huile d'olive, mélangez et couvrez pendant 1 à 2 minutes, au terme desquelles vous mélangerez à nouveau et servirez aussitôt.

Risotto aux Saint-Jacques

POUR 4 PERSONNES

320 g de riz Carnaroli ou Arborio

6 coquilles Saint-Jacques fraîches

300 g de poireaux

1 échalote

1,2 l environ de fumet de poisson

1 verre de vin blanc sec

60 g de beurre

2 cuill. à soupe d'huile d'olive vierge extra

Sel

L'association des poireaux et des coquilles Saint-Jacques est vraiment parfaite.

1 Demandez à votre poissonnier d'ouvrir et de nettoyer les coquilles Saint-Jacques. Nettoyez les poireaux. Coupez les coquilles en petites tranches et les blancs de poireaux en fines rondelles.

2 Dans une poêle, faites revenir les blancs de poireaux dans 30g de beurre ; ajoutez les coquilles, le verre de vin et faites cuire à feu doux en remuant de temps en temps jusqu'à évaporation du vin ; réservez au chaud.

3 Pelez et hachez l'échalote, faites-la revenir avec l'huile dans une casserole à fond épais.

4 Ajoutez le riz et mélangez à feu vif jusqu'à ce qu'il devienne translucide. Ajoutez une louche de fumet et mélangez jusqu'à ce qu'elle ait été absorbée par le riz. Renouvelez cette opération pendant 15 minutes, toujours en mélangeant et en ne rajoutant pas plus d'une louche de fumet à la fois.

5 Trois minutes avant la fin de la cuisson, ajoutez les coquilles en sauce et mélangez.

6 Éteignez le feu, vérifiez l'assaisonnement, ajoutez le reste du beurre et mélangez. Couvrez pendant 1 à 2 minutes, au terme desquelles vous mélangerez de nouveau et servirez aussitôt.

Index